Les plus belles histoires de Franklin

VOLUME 6

Paulette Bourgeois - Brenda Clark

EDITIONS FRANCE LOISIRS

Dépêche-toi, Franklin !

Franklin sait faire du toboggan sur les talus au bord de la rivière. Il sait compter en avant et en arrière. Il sait fermer les fermetures Éclair et boutonner ses vêtements.

Bref, Franklin sait faire un tas de choses, mais il est vraiment particulièrement lent… même pour une tortue.

« Dépêche-toi, Franklin, lui conseille sa maman.

– Dépêche-toi, Franklin, lui demande son papa.

– Dépêche-toi, Franklin ! lui crient ses amis.

– Je serai là dans une minute », répond Franklin à chaque fois. Mais il trouve toujours quelque chose à regarder ou quelque chose à faire. Et une minute plus tard, son papa, sa maman et ses amis l'attendent encore.

Aujourd'hui, Franklin est très excité.
Il doit aller chez Martin l'ourson. C'est un jour spécial.
C'est même un jour exceptionnel.

« Dépêche-toi, dit la maman de Franklin, il ne faut pas que tu sois en retard. »

La maison de Martin n'est pas très loin. Il n'y a qu'à suivre le chemin, passer le pont puis traverser le champ de blé. Franklin a bien l'intention de se dépêcher. Mais, sur le chemin, il aperçoit Basile le lapin qui bondit dans les hautes herbes.

« Qu'est-ce que tu fais ? lui demande Franklin.

– Je joue à saute-mouton, répond Basile. Tu veux jouer avec moi ?

– Je vais chez Martin, dit Franklin, et il ne faut pas que je sois en retard.

– Mais tu as largement le temps, dit Basile, sans penser que Franklin est vraiment particulièrement lent. Il n'y a qu'à suivre le chemin, passer le pont puis traverser le champ de blé. Allez, viens jouer ! »

Comme la maison de Martin n'est pas loin, Franklin accepte. Basile saute comme un fou au-dessus de Franklin. Soudain, il s'écrie :

« C'est l'heure d'y aller. Dépêche-toi, Franklin, ou tu vas être en retard. »

Puis il bondit vers la maison de Martin.

« J'y serai dans une minute », se dit Franklin.

Mais, en chemin, il rencontre Aurélie la loutre qui fait du toboggan sur les talus au bord de la rivière.

« À quoi tu joues ? lui demande Franklin.

– À faire des glissades, répond Aurélie. Tu veux jouer avec moi ?

– Je vais chez Martin, dit Franklin, et il ne faut pas que je sois en retard.

– Mais tu as largement le temps, dit Aurélie, sans penser que Franklin est vraiment particulièrement lent. Il n'y a qu'à suivre le chemin, passer le pont puis traverser le champ de blé. Allez, viens jouer ! »

Comme la maison de Martin n'est pas loin, Franklin accepte. Il s'amuse à glisser, à plonger et à faire des bulles. Mais Aurélie s'écrie soudain: « C'est l'heure d'y aller. Dépêche-toi, Franklin, ou tu vas être en retard. » Puis, d'un battement de queue, elle nage à toute vitesse vers la maison de Martin.

« J'y serai dans une minute », se dit Franklin.

Tout est calme. Franklin est seul. Il rejoint le chemin. Basile et Aurélie sont partis. Franklin commence à s'inquiéter: et s'il était déjà en retard?

Il marche aussi vite que ses jambes de tortue le peuvent. Mais en arrivant au pont, il entend un bruissement dans les herbes et aperçoit un bout de fourrure rousse. C'est Raffin le renardeau qui se cache dans les broussailles.

« Tu veux jouer avec moi ? demande Raffin.

– Il faut que je me dépêche, dit Franklin, je vais chez Martin.

– Mais ce n'est pas très loin, dit Raffin, il n'y a qu'à passer le pont puis traverser le champ de blé. Allez, viens jouer à cache-cache!»

Franklin hésite. Cache-cache est son jeu préféré.

« Bon, tu joues ou pas ? s'impatiente Raffin.

– Je me cache ! » crie Franklin.

Mais au moment où il entre dans les buissons, il se souvient qu'aujourd'hui est un jour exceptionnel et qu'il ne doit pas être en retard.

« Je ne peux pas jouer, dit Franklin, je dois y aller. »

Il court le long du chemin et passe le pont. Il se dépêche tellement qu'il manque d'écraser Arnaud l'escargot.

« Où vas-tu si vite ? demande Arnaud, qui est encore plus lent que Franklin.

– Je vais chez Martin, répond Franklin. Je dois faire vite. Il ne faut pas que j'arrive en retard. Sinon, tout sera gâché. »

Arnaud se met à pleurer.

« Qu'est-ce que tu as ? demande Franklin.

– Moi, je ne serai jamais à l'heure chez Martin, sanglote Arnaud.

– Ce n'est pas loin pourtant, dit Franklin, il n'y a qu'à traverser le champ de blé. »

Mais pour Arnaud, c'est très loin. Il sanglote de plus belle.

« Ne t'inquiète pas », dit Franklin pour le rassurer.

Mais lui aussi est inquiet. Finalement, le trajet est plus long que ce qu'il imaginait. Le champ de blé est très grand. Il regrette d'avoir perdu tant de temps en jouant avec Basile et Aurélie et en parlant avec Raffin. Mais il se souvient qu'aujourd'hui est un jour exceptionnel pour Martin. Il n'a pas le temps de pleurer. Il doit se dépêcher.

« Grimpe, Arnaud », dit Franklin en aidant l'escargot à monter sur son dos.

Franklin se presse tant qu'il peut. Après le champ de blé, il dépasse le buisson de groseilles, frôle les mûres et arrive devant les cassis. Mais alors qu'il aperçoit la maison de Martin, il se souvient de quelque chose d'important.

Il s'arrête net et commence à cueillir les cassis les plus mûrs et les plus gros.

« On n'a pas le temps, Franklin, dit Arnaud, tu sais bien qu'on ne doit pas être en retard. »

Mais Franklin lui chuchote quelque chose à l'oreille et, aussitôt, l'escargot se met lui aussi à ramasser des cassis.

Quand le buisson n'a plus de fruits, Arnaud dit :

« Dépêche-toi, Franklin, je t'en prie. »

Franklin se dépêche. Il traverse le jardin de Martin, passe la porte, court à travers la cuisine et pénètre dans le salon.

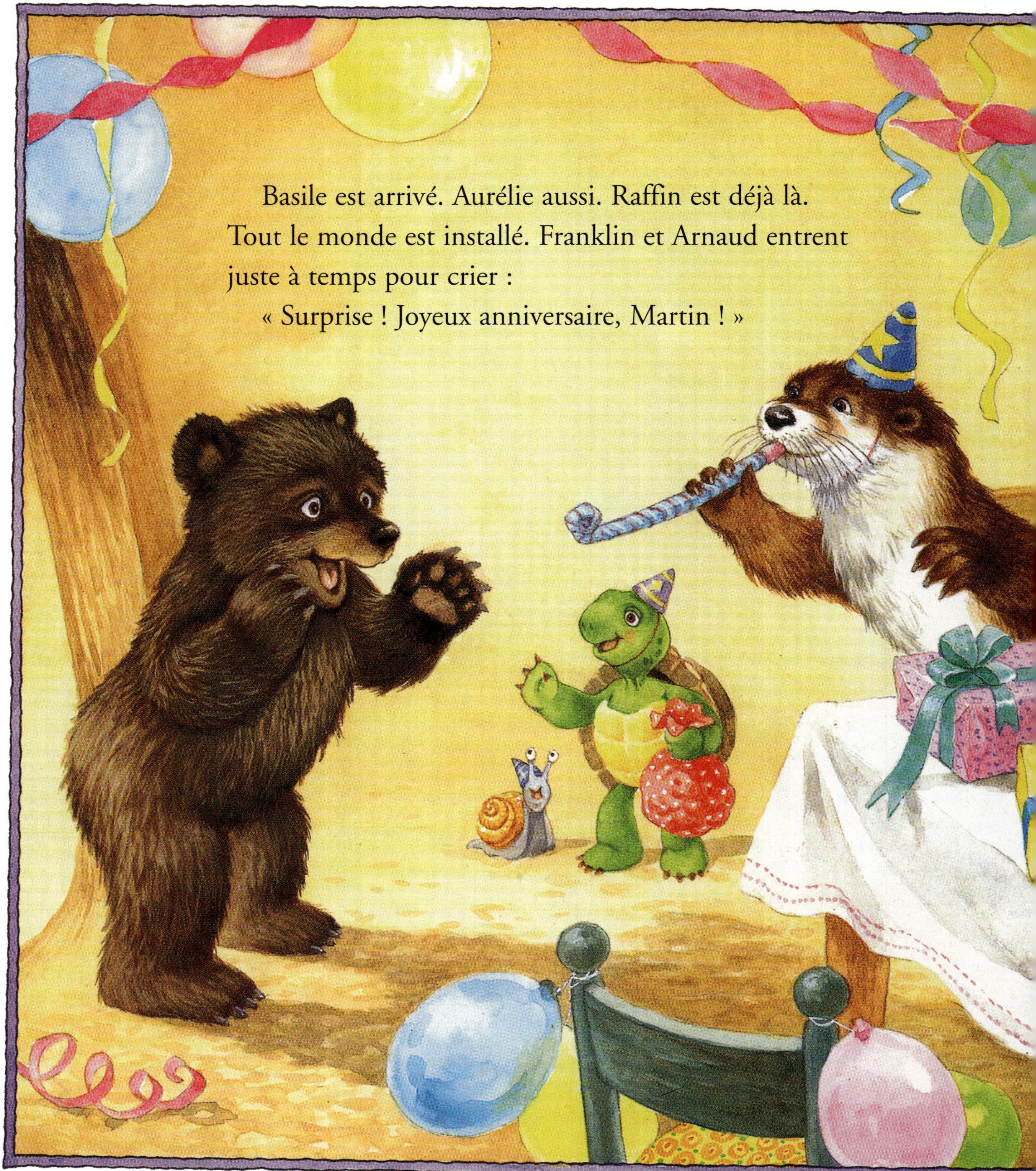

Basile est arrivé. Aurélie aussi. Raffin est déjà là. Tout le monde est installé. Franklin et Arnaud entrent juste à temps pour crier :

« Surprise ! Joyeux anniversaire, Martin ! »

La fête est très réussie et, apparemment,
Martin adore le cadeau de Franklin.

Franklin et la Saint-Valentin

Franklin connaît les jours de la semaine, les mois de l'année et les quatre saisons. Il sait repérer sur son calendrier les jours de fête ou de congés. Aujourd'hui, jour de la Saint-Valentin, tous les élèves de la classe de M. Hibou vont s'échanger des cadeaux lors d'un bon goûter. Avant de partir pour l'école, Franklin compte les cartes qu'il a fabriquées et décorées pour ses copains. Il veut être sûr de n'avoir oublié personne…

« Dépêche-toi, Franklin, dit sa maman. Tu vas rater ton bus ! »

Franklin se hâte pour trouver son chapeau et enfiler ses moufles et ses bottes. Il fourre ses cartes dans son cartable.

« J'y vais ! » crie-t-il en se ruant dehors.

À l'école, M. Hibou leur a préparé une dictée sur la Saint-Valentin, un problème de mathématiques, avec additions et soustractions de cœurs. Mais chacun est trop excité à l'idée de la fête pour travailler.

Franklin murmure à Martin l'ourson :

« Je n'arrive pas à me faire à l'idée d'attendre le déjeuner pour donner mes cartes.

– Et moi, je n'arrive pas à me faire à l'idée d'attendre le goûter pour la distribution de bonbons », chuchote Martin.

L'heure de la fête arrive enfin.

« Vous pouvez vous offrir vos cartes, maintenant », annonce M. Hibou.

Franklin attrape son sac et fouille dedans.

Il en sort son chapeau et ses moufles. Il en sort une balle et un brouillon chiffonné. Il retourne son sac et le secoue comme un prunier.

« Tu as un problème ? demande Martin.

– Mes cartes, crie Franklin. Elles ont disparu ! »

Franklin regarde partout sans succès. Alors M. Hibou lui permet de téléphoner chez lui. Franklin attend, attend, pendant que sa maman cherche.

« Je suis désolée, Franklin, lui dit-elle finalement. J'ai trouvé tes cartes dehors dans une flaque de boue. Elles sont tout abîmées. »

Franklin essuie une larme au coin de ses yeux. Il tend le combiné à M. Hibou et sort du bureau en courant.

M. Hibou le retrouve dans les vestiaires.

« Ah ! Te voilà, Franklin, dit-il. Tes amis attendent. Nous ne pouvons pas commencer la fête sans toi.

– Je ne peux pas faire la fête, répond Franklin. Je n'ai aucune carte à offrir.

– Je sais, dit M. Hibou. Ta maman m'a expliqué ce qui s'est passé. Et j'ai prévenu tes camarades de classe. »

Franklin gémit : « Oui et je suppose que personne ne me donnera de cartes à présent. »

« Hum, hum, dit M. Hibou. Si Martin avait perdu ses cartes, déciderais-tu de ne pas lui en donner ?

– Jamais ! s'exclame Franklin. Martin est mon ami.

– Alors Martin pense peut-être la même chose que toi », réplique M. Hibou.

Franklin reste pensif.

« Peut-être », dit-il, reprenant courage.

Il retourne en classe avec son instituteur.

Franklin regarde ses amis distribuer leurs cartes.

Au fur et à mesure que son propre panier se remplit, il se sent de plus en plus triste.

Il reçoit tant de cartes sans en donner en retour…

Il soupire en ouvrant l'enveloppe de Martin.

« Tu n'aimes pas ma carte, Franklin ? demande Martin.

– Oh, si ! Mais je me sens mal parce que je n'en ai pas pour toi.

– Oh ! ce n'est pas grave, dit Martin. Je n'ai pas besoin de ça pour savoir que tu es mon ami. »

Franklin sourit.

Tous les élèves se rassemblent autour de Franklin qui ouvre ses autres cartes.

« Moi, je t'ai fabriqué une tortue animée, dit Arnaud.

– La mienne, c'est un poème de tortue, ajoute Béatrice.

– Et moi, je t'ai inventé une énigme pour tortue ! continue Raffin.

– Elles sont super-chouettes ! s'exclame Franklin. J'aimerais tant pouvoir vous offrir celles que j'avais préparées !

– J'aimerais tant pouvoir commencer à manger le goûter ! » s'écrie Martin.

Tous les élèves éclatent de rire.

Ce soir-là, Franklin raconte à ses parents la fête de l'après-midi.

« On dirait que tu as beaucoup de bons copains, remarque son papa.

– Ça, c'est sûr, approuve Franklin. L'année prochaine, je vais leur préparer des cartes extra-spéciales à chacun.

– Eh bien, tu as une année entière pour te tenir prêt, répond sa maman.

– Je ne sais pas si je pourrai attendre une année entière », rit Franklin.

Le lendemain matin, la maman de Franklin le trouve assis à sa table. Il écrit, dessine, coupe et plie à tour de bras.

« Qu’est-ce que tu fabriques ? demande-t-elle.

– C’est une surprise », répond Franklin.

Sa maman sourit :

« Surprise ou pas, dépêche-toi, tu vas rater le bus ! »

Mais Franklin ne se dépêche pas.
Il enveloppe soigneusement son travail
et range le paquet dans son cartable.
Il s'assure que les boucles sont bien fermées.
Puis il le tient bien serré contre sa poitrine
et descend lentement les marches du perron.

Aussitôt arrivé en classe, Franklin ouvre son paquet
et donne à chacun une enveloppe.
« Que fais-tu, Franklin ? demande Lili.
La Saint-Valentin, c'était hier. »

« Oh! ce n’est pas pour la Saint-Valentin, mais pour le jour de l’amitié, répond Franklin. Et le jour de l’amitié, c’est n’importe quel jour de l’année! »

Franklin
et l'appareil photo

Franklin sait compter jusqu'à cent et nouer ses lacets comme un grand. Il est également très doué pour trouver ce que personne d'autre ne voit. Une fois, il a cueilli un trèfle à quatre feuilles. Une autre fois, il a retrouvé les clefs que sa maman avait perdues. Mais ce jour-là, Franklin découvre quelque chose de très spécial…

Sur le chemin qui mène au terrain de jeu, il aperçoit une tache bleue au pied d'un buisson.

« Oh ! s'exclame-t-il. Un appareil photo ! »

C'est l'objet le plus formidable qu'il ait jamais trouvé.

Franklin regarde à travers l'objectif.

Il imagine qu'il est photographe, tout comme sa grand-mère qui prend des photos pendant les vacances.

Il fait semblant d'appuyer sur le bouton.

C'est alors qu'il remarque qu'une photo a déjà été prise.

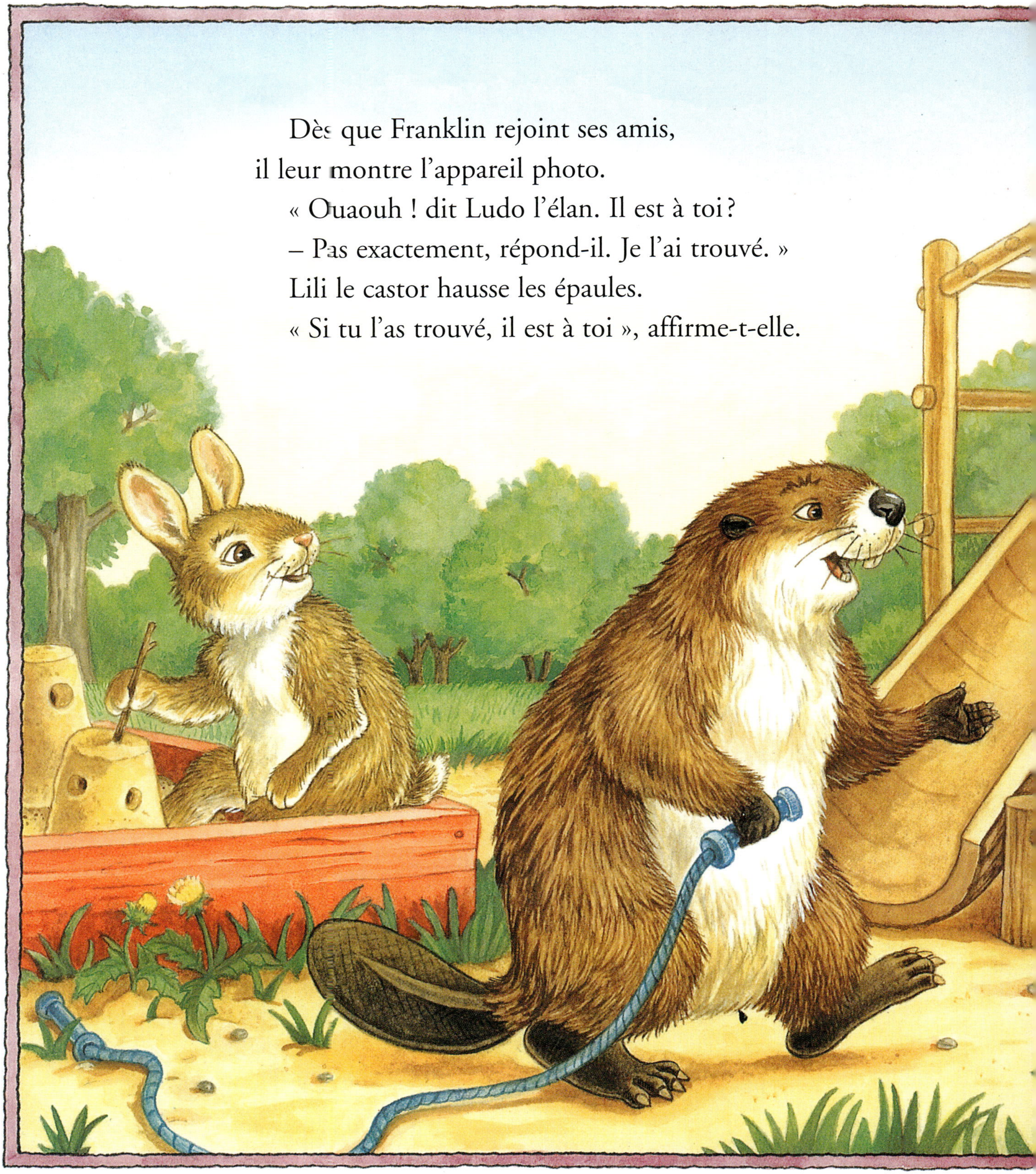

Dès que Franklin rejoint ses amis, il leur montre l'appareil photo.

« Ouaouh ! dit Ludo l'élan. Il est à toi ?

– Pas exactement, répond-il. Je l'ai trouvé. »

Lili le castor hausse les épaules.

« Si tu l'as trouvé, il est à toi », affirme-t-elle.

« J'ai cherché, mais… je ne vois pas de nom dessus, dit Franklin.

– Donc il t'appartient, insiste Lili.

– Ce n'est pas du vol, dit Ludo, puisque tu l'as trouvé ! »

Pourtant, Franklin sait qu'il n'a pas le droit de garder quelque chose qui ne lui appartient pas.

Il décide de retrouver son propriétaire plus tard.

Juste à ce moment, Lili fait une drôle de grimace.
« Ne bouge plus ! » dit Franklin.
Et, clic-clac, il prend une photo.

« Moi aussi ! Moi aussi ! » crient Ludo l'élan et Basile le lapin.

Avant d'avoir eu le temps de s'en apercevoir, Franklin est arrivé au bout de la pellicule.

Il sort le film de l'appareil photo et le range dans son sac de billes.

« Il m'en faut une autre, dit-il.

– Alors tu vas garder l'appareil ? » demande Ludo.

Franklin a l'air surpris.

« Oups ! J'avais presque oublié qu'il n'était pas à moi, dit-il. Je ferais mieux de trouver qui l'a perdu.

– Peut-être que le propriétaire sera furieux parce que tu as utilisé toute sa pellicule », dit Lili.

Franklin semble tout penaud.

« Je n'avais pas pensé à ça. »

Maintenant, il ne sait plus trop ce qu'il doit faire. S'il y a une chose que Franklin redoute, c'est bien que quelqu'un se mette en colère contre lui. Il réfléchit un moment.

Finalement, après avoir quitté ses amis, il repose l'appareil photo là où il l'a trouvé.

« C'est mieux, soupire-t-il. Comme ça, personne ne sera furieux contre moi. »

Il rentre à la maison juste à temps pour le dîner. Après manger, il demande à son papa de jouer aux billes avec lui. Mais quand il ouvre son sac de billes, la pellicule roule sur le sol.

« Qu'est-ce que c'est que ça ? demande son papa.

– Euh… » bredouille Franklin.

Son papa attend patiemment.

Finalement, Franklin lui raconte toute l'histoire : comment il a trouvé l'appareil photo, l'a utilisé et l'a finalement reposé là où il l'avait trouvé.

« Donc, tu t'es servi d'un objet qui ne t'appartenait pas ? demande son papa.

– Je ne l'ai pas fait exprès, dit Franklin. C'est arrivé comme ça !

– Et à ton avis, qu'est-ce qui devrait arriver, maintenant ? »

Franklin réfléchit.

« Peut-être devrions-nous aller chercher l'appareil photo et essayer de trouver son propriétaire », dit-il finalement.

C'est ce qu'ils font aussitôt. Puis ils dessinent de petites affichettes et vont les coller près du terrain de jeu.

TROUVÉ
TROU

POLICE

Une semaine passe, mais personne ne vient réclamer l'appareil photo.

Ils décident donc d'aller au commissariat de police pour signaler ce qu'ils ont trouvé.

Mais toujours personne ne vient le réclamer.

Finalement, Franklin apporte la pellicule à développer. Avec son argent de poche, il en achète une nouvelle et la met dans l'appareil.

OUVERT

Le lendemain, les photos sont prêtes.

Franklin exhibe la première, qui montre la famille raton laveur.

« J'ai retrouvé le propriétaire ! jubile-t-il. Mathieu le raton laveur a dû prendre cette photo juste avant de perdre son appareil. Ensuite il est parti en vacances. C'est pour ça qu'il n'a pas pu voir nos affiches. »

Quand Mathieu le raton laveur rentre de vacances, Franklin lui rend l'appareil et lui présente ses excuses pour avoir utilisé sa pellicule.

Mais Mathieu n'est pas furieux du tout, au contraire. Il est tellement content d'avoir retrouvé son appareil photo qu'il invite Franklin à partager son goûter.

« Cheese ! » dit Franklin en faisant un grand sourire.

Et, clic-clac, Mathieu le prend en photo !

Franklin fait du théâtre

Franklin sait compter jusqu'à cent à l'endroit et à l'envers. Il connaît par cœur son numéro de téléphone, son adresse et son alphabet. Mais il lui arrive d'avoir des trous de mémoire. C'est bien pour cela qu'il s'inquiète quand M. Hibou lui confie le premier rôle dans la pièce de théâtre de l'école…

Chaque Noël, les élèves de M. Hibou présentent un spectacle qu'ils ont préparé eux-mêmes. Cette année, ils ont choisi de jouer *Casse-Noisettes*.

Franklin est allé voir le ballet avec ses parents et il écoute la musique chez lui. Il aime beaucoup ce conte : c'est l'histoire de deux jouets, une petite danseuse mécanique et un soldat de plomb, qui prennent vie.

Le rôle de Franklin est très long. À la maison, il répète sans cesse.

« J'espère que je n'aurai pas de trou de mémoire, dit-il à ses parents.

– Si tu t'entraînes, tu seras prêt », l'encouragent-ils.

Mais Franklin n'est pas rassuré.

2 = 4

Une semaine avant le spectacle, la classe de M. Hibou est en pleine effervescence.

Chacun a quelque chose de très important à faire.

Béatrice l'oie apprend son rôle. Lili le castor répète ses pas de danse. Les musiciens révisent leurs partitions.

« Formidable ! » s'enthousiasme M. Hibou en courant des uns aux autres.

Mathieu le raton se charge des décors. Son équipe a déjà découpé, collé et peint la plupart des accessoires. Elle finit de décorer le sapin.

M. Hibou est très fier de ses élèves.

Martin l'ourson s'est occupé des costumes. Avec ses amis Basile et Héloïse, ils ont cousu de merveilleux habits en utilisant tout ce qui leur tombait sous la main.

Quand M. Hibou découvre leur travail, il applaudit et s'exclame :

« Notre succès est garanti ! »

Tous les acteurs s'entraînent à parler haut et clair.

Odile le blaireau s'occupe de la mise en scène et se prépare à faire le souffleur, si besoin est.

« Très bien, très bien, dit M. Hibou. Mais où est passé Franklin ? »

Mathieu montre du doigt l'armoire du matériel…

…d'où surgit la tête de Franklin !

« J'ai besoin d'un endroit tranquille pour apprendre mon rôle, dit-il. Pour l'instant, je ne suis pas encore prêt !

– Je vais te faire travailler », propose M. Hibou.

À la fin de la journée, Franklin connaît parfaitement son texte. M. Hibou le félicite.

Nous voici à la veille du spectacle.
Les programmes ont été imprimés et les fauteuils sont installés.
Pour la première fois, les élèves vont répéter sur la scène.
M. Hibou indique à chacun sa place.
Basile tape du pied d'excitation.
« Du calme, dit M. Hibou, le lever de rideau ne va pas tarder. »
Franklin se récite son texte tout bas une dernière fois.

Les trois coups résonnent et le rideau se lève. Mais Franklin reste muet.

M. Hibou murmure :

« C'est à toi de commencer ! »

Franklin essaie, mais sa gorge est serrée. Chaque fois qu'il regarde les sièges vides de la salle, il a de plus en plus peur.

« Psst ! dit Odile, je vais te souffler. »

Mais Franklin n'a pas besoin d'un souffleur, il connaît parfaitement son texte. C'est sa voix qui ne sort pas.

M. Hibou décide de parler en tête à tête avec Franklin.

« Tu as le trac, lui dit-il. Essaie de ne pas penser aux spectateurs. »

Franklin essaie encore et encore. Mais, à chaque fois que le rideau s'ouvre, sa bouche, elle, reste fermée ! Il n'a pas envie d'abandonner, mais le temps presse. Aussi il demande à M. Hibou s'il ne peut pas échanger sa place avec Odile. Elle pourra jouer le prince car elle connaît parfaitement le texte, elle aussi.

La répétition générale recommence. Mais Odile le blaireau a une si petite voix qu'on ne l'entend pas du fond de la salle.

M. Hibou demande à Franklin :

« Pourquoi ne l'aides-tu pas ? »

Franklin monte sur scène et se place près d'elle :

« Plus fort, Odile ! Comme ça, je te montre ! »

Et le voilà qui commence à déclamer le texte d'une puissante voix. Il ne pensait prononcer qu'une seule phrase, mais il se laisse entraîner et termine la tirade en entier !

Quand il a fini, tout le monde applaudit.

« Tu n'as plus du tout le trac, dit M. Hibou.

– Oui, il est parti », dit Franklin, ravi.

Franklin n'a plus besoin d'être remplacé. Odile est bien soulagée…

Le lendemain soir, quand le rideau s'ouvre, Franklin voit toute sa famille assise au premier rang. Il respire bien fort.

Il prononce ses premiers mots d'une voix faible et râpeuse, mais progressivement, il prend confiance. Finalement, Franklin joue si bien qu'il croirait presque être le prince Casse-Noisettes en personne.

La pièce est merveilleuse. Au dernier acte, les spectateurs se lèvent et applaudissent à tout rompre la troupe des élèves.

Franklin et ses amis saluent quatre fois de suite.

Ce soir-là, après un bon chocolat chaud devant le feu, Franklin colle le programme dans son journal de bord. Mieux vaut être prudent. Il a beau avoir beaucoup de mémoire, c'est un jour dont il veut se rappeler à tout jamais !

Imprimé en France par Jean-Lamour
Loi n° 49-956 du 16 juillet 1949 sur les publications destinées à la jeunesse.